DE LA
STABILITÉ DES FAMILLES

CONSIDÉRÉE

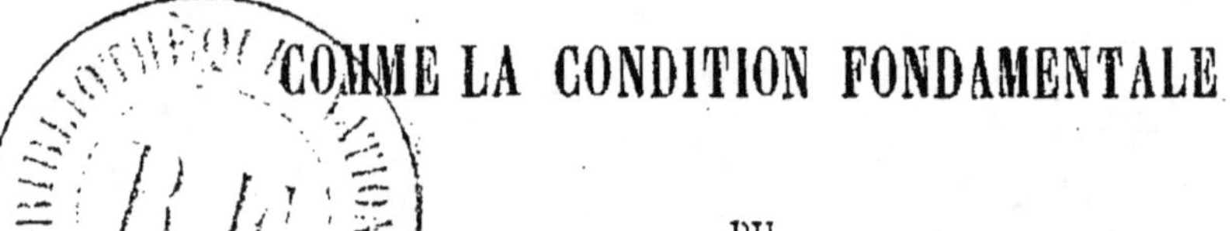

COMME LA CONDITION FONDAMENTALE

DU

GOUVERNEMENT REPRÉSENTATIF

PAR

C.-A. Réné DUCAUROY

PARIS

LOUIS HURTAU, LIBRAIRE,

Galeries de l'Odéon.

1874

TABLE

PRÉFACE.

L'unité du pouvoir suprême est la condition absolue de l'ordre. Mais il ne suffit pas que le pouvoir soit *un* pour être respecté des partis, il faut encore qu'il soit indépendant par son origine et en dehors des intérêts qui les divisent. Une difficulté se présente alors : il s'agit de la formation d'un organisme politique ayant les lumières et l'autorité morale nécessaires pour seconder le souverain dans le gouvernement, et préserver le trône des intrigues et de l'ambition des cours (1).

(1) Avant que la dévolution intégrale me fournît la solution de ce problème, la difficulté de le résoudre m'avait porté à subordonner la royauté à la souveraineté nationale, en lui laissant cependant une existence propre, fondée sur sa nécessité telle à peu près que, sous ce rapport, la royauté franque m'apparaissait dans l'histoire. Mais il y a dans les États civilisés une diversité d'éléments et d'intérêts qui n'existe pas chez les tribus barbares, et la royauté doit y être souveraine pour préserver la société de l'antagonisme de ces intérêts.

L'école éclectique a cru résoudre la difficulté par la pluralité des pouvoirs et par leur équilibre ; c'est une combinaison dans laquelle la souveraineté se trouve partagée entre la royauté et les deux Chambres du parlement, combinaison subversive de l'ordre et de la liberté, car elle organise en quelque sorte l'antagonisme au sein du gouvernement, d'où il ne peut manquer de passer dans la société.

La solution du problème n'est pas là ; elle a ses éléments dans la stabilité des familles en situation de faire les sacrifices de temps et de fortune qu'exigent les soins du patronage et les devoirs de la vie publique (1).

C'est ce que je me suis proposé d'établir dans les pages qui suivent.

(1) *Famille stable, famille souche*, ces expressions caractérisent de la manière la plus heureuse, dans les ouvrages de M. Le Play, cette constitution de la famille dans laquelle le mode de succession aux biens immeubles, ou mieux encore « à ceux des biens qui sont liés à l'activité et à la vie intime de cette famille », est le contre-pied de l'égalité de partage. Cet éminent publiciste, dont les écrits sont et resteront l'œuvre classique en cette matière, a éclairé de la plus vive lumière tous les aspects de ce riche sujet si négligé avant ses travaux.

DE LA
STABILITÉ DES FAMILLES

CONSIDÉRÉE

COMME LA CONDITION FONDAMENTALE

DU

GOUVERNEMENT REPRÉSENTATIF

§ 1. La société est composée d'éléments divers dont les intérêts distincts, bien que non exclusifs en eux-mêmes, sont susceptibles d'opposition et même d'antagonisme, à cause des prétentions excessives que peuvent élever les éléments sociaux qu'ils concernent respectivement.

Il suit de là qu'aucun de ceux-ci ne peut être investi du pouvoir suprême ou souverain. La souveraineté doit être l'attribut d'un pouvoir qui, par son origine et les conditions économiques de son existence, soit indépendant des partis et, par suite, impartial dans ces conflits d'intérêts.

Le pouvoir réunira ces conditions s'il est occupé par le chef d'une dynastie séculaire que le cours des événements y a élevée après l'y avoir préparée dans le lointain des âges. Telle est la royauté héréditaire et traditionnelle. Indépendante par son origine qui est l'œuvre du temps, elle l'est encore par son domaine et son revenu qui ont un caractère d'intérêt public.

Ainsi placé au-dessus de toute compétition, le pouvoir opère virtuellement le rapprochement des partis ; premièrement il est le modérateur de leurs débats par cela même qu'il n'en peut être l'objet ; secondement un intérêt commun les porte à s'unir pour préserver le trône de l'obsession d'ambitieux courtisans, naturellement amis de la puissance arbitraire, parce qu'elle semble dispenser celui qui en dispose de cette modération dans la force, si nécessaire à la conduite des affaires et des hommes.

§ 2. De là la formation d'un organisme politique auxiliaire du souverain, originairement établi pour l'aider de ses conseils, et dans lequel le cours des choses peut graduellement concentrer en fait la plupart des attributions du gouvernement au moyen d'un cabinet responsable et homogène, ainsi qu'il est arrivé chez nos voisins d'outre-mer.

§ 3. Pour remplir l'objet de son institution, le Parlement a besoin de cette indépendance qui repose, non sur le système contradictoire du partage de la souveraineté, mais sur l'autorité morale que donnent le désintéressement et l'esprit de sacrifice. Cette autorité, ses membres la trouveront dans la pratique des devoirs du patronage et dans l'exercice gratuit de leur mandat, ce qui exclut absolument l'allocation d'une indemnité quelconque.

§ 4. Mais les devoirs du patronage et la gratuité du mandat parlementaire exigent des sacrifices considérables de temps et de fortune ; on ne peut les attendre que de familles dont le patrimoine se conserve au moyen de la transmission qui s'en fait à l'un des enfants, celui que le testament du père et, à son défaut, la coutume désigne pour succéder à ses biens patrimoniaux ainsi qu'à ses devoirs de chef de famille et de patron.

Ce mode de succession fonde l'indépendance et l'autorité du Parlement sur le désintéressement, l'aptitude politique et la valeur morale de ses membres que la discipline de la famille prépare si admirablement aux devoirs de la vie publique comme à ceux de la vie privée.

Par son influence sur la composition de ce corps politique où se résolvent pacifiquement les questions d'intérêt général, la dévolution intégrale préserve le gouvernement du fléau de l'antagonisme ; elle en préserve l'état social en faisant de chaque famille, qui s'est élevée au-dessus de l'aisance, un centre de protection pour ses membres, un centre de patronage pour ses auxiliaires salariés, et, en offrant ainsi à l'activité individuelle l'avantage auquel celle-ci tient peut-être le plus, la sécurité au milieu des difficultés de la concurrence contre lesquelles lutterait en vain le travail isolé.

C'est donc la nature des choses qui fixe, sur les membres de la famille stable, le libre choix des électeurs pour la composition de la chambre élective, et c'est dans un haut intérêt social et politique qu'ils siégent dans le Parlement.

Il n'y a là aucun sujet de jalousie pour les classes qui ne sont point dans ces conditions de fortune, d'aptitude et de sacrifices, mais qui peuvent s'élever et qui s'élèvent continuellement à ce degré de l'échelle sociale par le travail et la conduite.

L'élection par elle-même est un stimulant d'une

telle énergie, que le parti des innovations les plus hardies ne manquera jamais de représentants même au sein de la classe la plus conservatrice. Au reste, celle des hommes voués à l'industrie et au commerce est ouverte aux électeurs, et s'ils veulent y trouver des candidats, leur appel sera entendu; mais en général, et non sans raison, ils se conformeront à la sage coutume de les demander à la propriété foncière, parce que là surtout la famille est dans ses vraies conditions de stabilité, qu'elle y est plus en mesure de faire les sacrifices de fortune et surtout de temps qu'exige l'exercice gratuit du mandat parlementaire, et enfin parce que l'esprit d'initiative s'y trouve avec l'attachement à la tradition.

§ 5. C'est une des gloires du christianisme d'avoir transformé le caractère de la richesse. Dans les sociétés chrétiennes, et au point de vue de la famille prise comme unité sociale, la richesse est le produit de la libre expansion de l'activité individuelle. La justice et la charité, en déclarant qu'il sera demandé davantage à ceux qui sont mieux pourvus des dons de la nature ou des biens de la fortune, agrandit la sphère des devoirs à proportion de l'étendue des ressources, et vérifie ainsi les consolantes paroles de ce passage de l'Évangile où, signalant comme insurmontable la difficulté qu'éprouvent les riches de se détacher des biens de la terre, le divin maître ajoute que ce qui est impossible aux hommes est possible à Dieu.

§ 6. La puissance politique du Parlement, dans les conditions dont l'expérience a constaté la valeur chez nos voisins du Royaume-Uni, tient précisément à ce qu'il n'est pas souverain. Composé de membres appartenant à une classe qui a dans la collectivité un intérêt non exclusif, à la vérité, mais distinct, il serait juge dans sa propre cause s'il était investi de la souveraineté ou si seulement il y avait part ; il n'aurait point ce caractère de neutralité impartiale qui permet à la royauté de dominer, de prévenir et, au besoin, d'arrêter l'antagonisme des intérêts ; il perdrait l'autorité morale et l'indépendance inhérente à la situation sociale de ses membres et à l'objet de sa fonction.

Spectacle bien digne des méditations de la philosophie politique ! Ce Parlement si indépendant, ce pouvoir secondaire si considérable par son autorité morale et l'étendue de ses attributions, ne diminue ni la dignité, ni le prestige de cette royauté forte, et non-seulement celle-ci ne prend point d'ombrage de l'institution parlementaire, mais elle veille au fonctionnement régulier de son mécanisme et empêche qu'il ne se brise par le choc violent des partis qui s'y meuvent. De son côté, le Parlement s'harmonise merveilleusement avec ce pouvoir suprême qui peut rester fort sans l'affaiblir, grand sans l'abaisser.

§ 7. Que deviendrait son indépendance dans un gouvernement électif, où le pouvoir, à la fois violent et faible, est toujours, quoique réputé l'organe d'une collectivité sans initiative et divisée, l'instrument de la faction dominante qui n'en dispose que pour l'exploiter et opprimer la faction contraire ?

§ 8. La société, dont je viens de montrer les principaux caractères, est une hiérarchie naturelle, ouverte, graduée par les différentes situations sociales qu'élèvent continuellement ou que maintiennent le travail et les vertus des générations. Ces générations sont formées par une éducation dont l'esprit est celui de la famille stable, famille qui, par sa constitution même, est un enseignement en action, une leçon vivante du devoir et du sacrifice. Cet esprit pénètre et se répand dans tous les rangs de la société et devient l'esprit public. Appliqué au gouvernement, c'est le respect de la loi et de l'autorité légitime.

L'élévation des familles, considérées dans leur ensemble, est ici d'une lenteur relative, mais elle est générale et se soutient ; elle est l'effet du devoir, et non le but de la vie ; celle-ci n'est point tourmentée de cette agitation inquiète et fébrile que l'on remarque dans les sociétés pseudo-égalitaires, où tant de médiocrités présomptueuses, livrées à toutes les faiblesses de l'isolement, luttent à forces inégales contre les difficultés de la concurrence (1). Dans les sociétés mieux ordonnées, où

(1) Les États-Unis ne doivent point être confondus avec ces sociétés dont ils diffèrent sous plusieurs rapports essentiels.

Aux États-Unis, la population, d'environ quarante millions d'habitants, occupe un territoire fertile qui lui permet d'en nourrir abondamment cinq cents millions. La partie non défrichée du sol est en quelque sorte au premier occupant ; les bras sont demandés au lieu d'être offerts comme dans les États européens. L'ouvrier regarde sa situation comme un état transitoire d'où il peut assez facilement s'élever à celui de propriétaire et de chef d'industrie ; l'aisance est générale ; ceux qui en jouissent forment

l'activité individuelle a pour point d'appui la stabilité des familles les plus élevées dans l'échelle sociale, et où elle est encouragée et au besoin relevée par les bons offices d'un patronage non moins éclairé qu'affectueux, personne n'est agité du désir violent de sortir de sa condition, chacun s'attache à celle qu'il occupe, parce qu'il y voit un centre de devoirs dont l'accomplissement le portera presque toujours plus haut, sans qu'il se préoccupe de cette élévation.

§ 9. Cette société, dont tous les rangs sont si librement ouverts au mérite (la famille étant prise pour unité sociale), inspire à tous ses membres, à quelque degré qu'ils soient placés, un attachement

l'élément dominant de la société ; cette domination quoique passablement exclusive n'y est point subversive de l'ordre, parce que l'activité individuelle n'a pas à lutter contre les difficultés de la concurrence qui en Europe font de la stabilité des familles riches la condition de la sécurité du travail, de la paix sociale et de la stabilité des gouvernements.

Il est un point qu'il ne faut pas perdre de vue dans l'appréciation de la société américaine, c'est que ces éléments sociaux qui peuvent vivre ainsi régulièrement sous un gouvernement électif ont fait leur éducation première en Angleterre sous la monarchie. C'est sous le régime de ses institutions centrales et de ses libertés locales qu'ils se sont disciplinés; c'est de là que leur vient originairement cet esprit public qui les a suivis sur le continent américain et qui continue de les animer. Jamais la pensée spéculative n'aurait pu même coacevoir ce qu'a fait à l'égard de ces populations l'influence de la société traditionnelle d'où elles tirent leur origine; en sorte que c'est aux institutions de la vieille Angleterre qu'elles doivent même d'avoir pu combiner celles qui les ont régies depuis leur émigration de la mère patrie et dont une dernière transformation a fait la constitution actuelle.

passionné, profond et mérité ; car elle offre à l'émulation de ses citoyens l'idéal du devoir et du dévouement dans les conditions les plus élevées, l'idéal, en un mot, de la morale dans la richesse.

§ 10. Il est cependant une hiérarchie supérieure à celle dont je viens de parler, c'est la hiérarchie de la vertu et souvent de l'héroïsme dans les états obscurs et dans les conditions les plus humbles de la société, hiérarchie que ne manifeste aucun éclat extérieur, et qui, sous ce rapport, est comme invisible. « Si, dit Bossuet, en s'adressant aux personnes d'un rang élevé, si les honneurs du siècle vous mettent au-dessus des pauvres, le caractère de Jésus-Christ, qu'ils ont l'honneur de porter, les élève au-dessus de vous. Honorez, en les servant, la mystérieuse conduite de la Providence divine qui leur donne les premiers rangs dans l'Eglise avec une telle prérogative que les riches n'y sont reçus que pour les servir. » (1).

§ 11. Le triomphe de l'ordre social et de la constitution politique, se dégageant des chimères égalitaires et des passions despotiques enfantées par la révolution d'Angleterre de 1640, nous donne un bel exemple de l'attachement d'un grand peuple à la hiérarchie naturelle de son état social et au gouverment qui en était l'expression.

De quoi s'agissait-il à l'époque où la résistance du Parlement préluda à ce terrible événement? Il s'agissait d'arrêter les tendances du gouvernement à l'arbitraire, en régularisant et en fixant la pra-

______

(1) Bossuet, *sermon sur l'éminente dignité des pouvoirs dans l'Eglise.*

tique du régime parlementaire suivant les précédents établis depuis les réunions du grand conseil et la grande charte jusqu'à l'avénement des Tudors. Préparée par une longue suite de faits antérieurs, il semble que cette réforme aurait pu se faire pacifiquement ; mais les guerres civiles des deux roses, en détruisant les plus grandes familles de la noblesse, à une époque où le nombre des vassaux et les levées féodales étaient une condition de son importance politique dans le Parlement, et où l'élément bourgois des communes n'était point encore arrivé au terme de sa croissance, avaient facilité l'accès du trône aux ministres courtisans dont la politique contrariait le développement naturel de la constitution. La persistance du pouvoir à suivre ces errements excita dans le Parlement une résistance telle que, tout accord devenant impossible, la réforme politique fut livrée à l'empirisme révolutionnaire des partis extrêmes. Toujours disposés à imputer aux conditions mêmes de la liberté civile et de la liberté politique les abus nés de causes accidentelles et passagères, leurs chefs et adhérents s'égarent dans d'impossibles applications de l'égalité des droits, et l'extravagance de leurs conceptions suscite quelque despotisme de fer qui les contient, et qui lui-même est destiné à disparaître devant les hommes de la tradition nationale, dès que ceux-ci se sont accordés sur les points qui les divisaient.

C'est ainsi que les choses se passèrent en Angleterre, mais l'égarement et le désordre y furent d'une durée relativement courte. L'état social fortement constitué resta dans les conditions fondamentales d'une société régulière, le principe de la liberté civile reprit ses applications, et la constitution anglaise, mise en harmonie avec les besoins nés du développement de l'activité individuelle, fonctionna de nouveau sur ses antiques bases.

§ 12. Si le besoin de fixer, par une pratique constante et régulière, les anciens et innombrables précédents du gouvernement représentatif ne put obtenir satisfaction en Angleterre qu'au prix d'une révolution, faut-il s'étonner que la France, presque étrangère à la pratique de ce gouvernement, dont les conditions lui manquaient pour la plupart, se soit divisée sur les moyens d'accomplir sa réforme, et que ses divisions l'aient livrée à la violence des partis exagérés et au despotisme de leurs abstractions chimériques.

Il serait injuste de reprocher aux siècles qui ont précédé la révolution française la pénurie où nous étions sous le rapport des conditions de la monarchie représentative. Étant donné le régime féodal tel qu'il dut sortir de l'élément germanique introduit dans la société gallo-romaine, la constitution monarchique devait nécessairement se former de telle sorte que l'élément féodal y eût un pouvoir plus nominal que réel.

Cet effacement nécessaire de la noblesse dans le gouvernement central et dans l'administration locale, l'exemption de certaines charges communes, la jouissance de plusieurs priviléges surannés, la privaient de cette autorité morale inhérente aux situations sociales élevées, lorsque les familles qui les occupent, ayant les mêmes droits et les mêmes charges que la communauté, sont naturellement considérées comme des centres de résistance aux envahissements de l'esprit bureaucratique.

Cependant, à la considérer dans ses rapports avec notre vieille constitution avant que l'importance croissante des éléments sociaux voués à l'agriculture, à l'industrie et au commerce eussent créé de nouveaux besoins politiques que cette constitution était impropre à satisfaire, la noblesse se trouvait, à ce point de vue rétrospectif, en harmonie avec l'organisme politique alors existant, et avait contribué à y maintenir cet équilibre imparfait sans doute, mais néanmoins très-effectif, à la faveur duquel la France et son gouvernement avaient fait de grandes et utiles choses dans la paix et dans la guerre. Mais, depuis que la liberté civile et l'égalité devant la loi commune étaient devenues les objets de l'aspiration générale, la noblesse ne pouvait conserver de force pondératrice dans la constitution qu'en cessant d'être un ordre privilégié comprenant l'ensemble de ses familles et de tous les membres de chacune d'elles. Les chefs de ses principales familles historiques ne devaient plus former qu'une institution politique destinée à maintenir l'équilibre de la monarchie représentative, tandis que leurs puînés et les autres familles nobles se confondraient dans la communauté au point de vue de l'égalité des droits. L'égalité des droits et celle des charges constituent cette communauté d'intérêts qui rapproche tous les rangs et les préserve de l'esprit d'antagonisme.

Cette petite noblesse et les familles bourgeoises en situation de faire les sacrifices de fortune et de temps qu'exigent un patronage étendu et l'exercice gratuit soit du mandat de député, soit des fonctions dirigeantes de l'administration locale, constituaient l'élément de la chambre élective.

§13. Mais ces familles devaient se conformer au régime de la dévolution intégrale, si elles voulaient se donner la stabilité nécessaire à la pratique intelligente des devoirs de la vie publique. Or, on ne voit pas que, soit au début de la révolution, soit depuis cette époque, la bourgeoisie ait attaché à ce mode de succession l'importance qu'il a en effet, au point de vue de son influence sociale et politique, et qui lui est reconnue dans le pays classique du gouvernement représentatif. Le succès de notre réforme politique dépendait d'une condition fondamentale dont la classe même qu'elle intéressait au plus haut point n'a tenu aucun compte, et qu'elle a même repoussée sous la Restauration, alors qu'il ne s'agissait que d'une question de préciput; aussi tous nos essais de reconstitution ont-ils échoué. L'esprit de gouvernement nous a manqué, parce que la famille stable, qui en est en quelque sorte l'école primaire, ne s'est pas constituée chez nous; il continuera de nous manquer, tant que celle-ci nous fera défaut; c'est à nous d'aviser, car il y a péril en la demeure.

Paris. Typ. A. PARENT, rue Monsieur-le-Prince, 31.